D1346380

Riet Wille

saar en de mus

Met prenten van Annemie Berebrouckx

UITGEVERIJ
DE EENHOORN

Voor eerste lezers.
Te lezen na 3 maanden leesonderwijs.
AVI 1

dag.
ik ben saar.
ken je mij nog?
ik woon bij jan.
en ik heb een poes.
die heet mies.
en nu heb ik ook een mus.
hoe dat komt?
dat lees je in dit boek.

ik zit hoog in mijn boom.
die boom is van mij.
jan komt er niet in.
mies mag er niet in.
dat weet ze al heel goed.
jan voedt mij op.
en ik voed mies op.
en als mies niet lief is?
dan geef ik haar een tik.
en ik sis:
- weg poes!
  ksss...
  je mag niet in mijn boom!
ik zie mies niet.
waar is ze?

4

mies is bij het huis.
ze ligt op de loer.
in de tuin hupt een mus.
- pas op mus! roep ik nog.
maar het is al te laat.
mies heeft de mus in haar muil.
- siep siep siep, piept de mus.

het lijkt of ze huilt.
- hou vol, mus.
  ik ko-om!
ik wip uit de boom,
hol naar de poes,
geef haar een tik.
mep!
mies laat de mus los.
zo red ik de mus.
hop!
ik wip weer de boom in.

mus ligt op mijn schoot.
- huil maar mus, sus ik.
het komt wel goed.
mus kijkt me aan.
raar.
ze rilt.
hier en daar is een veer weg.
haar nek is rood.
- weet je wat, mus? zeg ik.
  ik neem je mee naar jan.
  die weet wel raad.

jan kijkt naar de mus.
hij bet haar schoon.
hij doet wit gaas om haar nek.
- leg haar in een doos, raadt jan aan.
  en geef haar wat voer.
  zet de doos in de boom.
  dan kan poes er niet bij.
  ik wil die mus niet in huis.
  dat weet je wel.

ik loop met mus naar de boom.
poes ook.
ik wip de boom in.
poes niet.
- goed zo, mies!

mus
mus zit
mus zit in
mus zit in de
mus zit in de doos
mus zit in de doos in
mus zit in de doos in de
mus zit in de doos in de boom

p
o
e
s

m
i
e
s

mus doet niet veel.
ze eet niet.
ze kijkt niet.
ze hupt niet.
ze ligt daar maar.
ik toon de mus aan jan.
- ze gaat dood, zegt jan.
- nee hoor, gil ik.
  die mus is van mij.
  ik geef haar voer.
  ik hou mies van haar weg.
  die mus gaat niet dood!
- ssst... sust jan.
  gil niet zo.
  het is maar een dier.
  en soms is dood gaan goed.
  dan is de pijn weg.

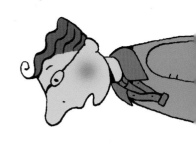

mus,
jij gaat niet niet
niet niet niet doot.
jij bend van mei.
- saar.

(zoek 3 keer een fout)

9

saar neemt een zak.
aan die zak zit een touw.
dat doet ze om haar nek.
de mus mag in de zak.
haar kop piept er uit.
- is dat fijn mus?
- siep, piept de mus.
- dan is het goed, zeg ik.
  jij bent niet zo maar een mus.
  jij bent MIJN mus.

mus mag met mij mee.
in een tas.
ik pas op haar.
en als ik naar bed moet?
dan moet mus in de doos.
in de boom.
met een zoen.

en na een week?
dan doet mus het weer goed.
ze eet weer.
ze kijkt weer.
ze hupt weer.
- kijk jan, zeg ik fier.
  mijn mus is niet dood!
jan geeft mij een zoen.
- vlieg maar weg mus, zegt jan.
- nee hoor! gil ik.
  die mus is van mij.
  ik gaf haar voer en een kus.
  die mus gaat niet weg!

11

- saar saar saar, mort jan.
  een dier hoort niet in een doos.
  of in een kom.
  of in een kooi.
  of in een bak.
  jouw mus hoort in een boom.
  met nog een mus.
  en nog een mus.
  en nog en nog.
ik zeg een poos niets.
(ik huil.)
- het is waar, geef ik toe.
  dag mus van mij.
  vlieg maar gauw weg.
maar doet mus dat wel?

in de boom zit 1 mees.
zoek haar maar!

duif mees

mus raaf

uil uil duif

raaf mees

jan zet mus op zijn hand.
die hand gaat op en neer.
- hup mus, port jan aan.
  vlieg maar weg.
  toe maar.
  dat kan jij wel.
- siep siep, piept mus.
- ze kan het niet, zeg ik.
  dat hoor ik.
  hoe moet dat nou?
jan weet het ook niet.
- zet haar maar weer in de doos.
  we zien wel.

mus hupt door de tuin.
hier en daar pikt ze wat.
of ze neemt een bad.
poes mies is ook in de tuin.
ze ligt op de loer.
en dan...
poes rent naar mus.
ik ren naar mies.
en ik pak haar bij haar vel.
net op tijd!
- zo gaat dat niet, sis ik.
   (ik doe jan na.)
   ik wil je een poos niet zien.
   een uur in de schuur.
   koel daar maar wat af!

deur toe aa uu bee.
poes moet
een uur
in de schuur.

ik weet het.
het is waar.
mus moet hier weg.
een mus hoort hoog in een boom.
ver weg van een poes.
- siep, piept mus.
- ja, ja, sus ik.
  het komt wel goed.
  ik zoek het wel uit.

m = f   ui = ee   b = m

-b   z = r en g = f

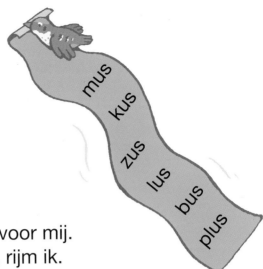

mus
kus
zus
lus
bus
plus

ik weet het al.
jan moet wat doen voor mij.
- dag jan mijn man, rijm ik.
  wil jij wat doen voor mij?
  en voor mus?
  wil jij mee naar het park?
  dan zal ik heel lief zijn.
  wel een week.
  mus moet naar de les.
  vlieg-les.
  op en neer.
  heen en weer.
  van hoog naar laag.

19

wie zit hoog?
wie zit laag?
waar zijn tim en kim?

waar is de bal?
wat eet kim?
hoe laat is het?
zie jij nog een mus?
heeft kim een pet op?

les 1.
op en neer.

- kom mee naar de wip, wijs ik.
  dat is leuk.
jan zit op de wip.
ik ook.
met mus.
jan zit laag.
ik zit hoog met mus.
de wip gaat niet op en neer.
hoe dat komt?
- ha ha ha jan, roep ik.
  jij bent veel te dik!
  zo lukt het niet!

jan roept een kind.
- hoe heet jij?
- tim, zegt tim.
- wil jij met saar op de wip?
- mmm, doet tim.
  dat wil ik wel.
met tim lukt het wel.
de wip gaat op en neer.
en op en neer.
en mus ook.
- hup mus, zeg ik.
  voel je hoe het moet?
  vlieg maar gauw weg.

maar rieg reug reg,
mus kan niet weg.

les 2.
heen en weer.

- mus mus mus, zeg ik.
  lukt het nog niet?
  dan gaan we naar les 2.
  die heet heen en weer.
  doe je mee?
- siep siep, piept mus.
aan een band zit een touw.
ik moet in de band.
met mus.
en dan zoef ik heen...
en weer...
zoefff!

24

jan kijkt toe.
- hup mus hup, gilt hij.
   je kan het wel.
jan wuift.
hij wipt op en neer.
ik zoef heen en weer.
dat doe ik een paar keer.
dit was les 2.
- hup mus, doe ik.
   zo moet het.
   vlieg maar gauw weg.

maar rieg reug reg,
mus kan niet weg.

les 3.
van hoog naar laag.

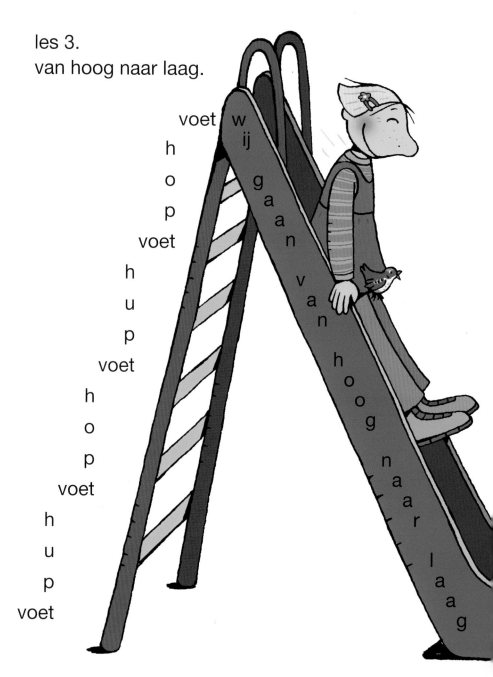

voet
h
o
p
voet
h
u
p
voet
h
o
p
voet
h
u
p
voet

wij gaan van hoog naar laag

mus zit op mijn schoot.
ik glijd van hoog naar laag.
- leuk! gil ik.
  nu jij, mus!
  vlieg vlieg vlieg!
  doe het dan!

maar rieg reug reg,
mus kan niet weg.

- jan, huil ik.
  mus kan het niet meer.
  hoe moet dat nou?
- ssst... sust jan.
  huil maar niet.
  ik weet wat er mis is.
  die mus van jou is lam.
  we gaan naar huis.

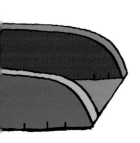

27

ik huil en huil.
ik hou niet op.
- sss... sust jan.
  hou daar mee op.
en dan?
jan zegt wat in mijn oor.
nu huil ik niet meer.
- kom maar mee, wijst jan.
  we gaan naar de schuur.
in de schuur ligt een zaag.
en een bijl en een lat en een touw.
en nog veel meer.
jan zaagt en vijlt.
hij hakt en lijmt.
hij weeft en kapt.
hij meet en lakt.
wat kan jan veel!

en wat maakt jan veel.
ik zeg wat er nog bij moet.
ik ken mus.
mijn mus.
ik weet wat leuk is voor haar.
dan gaan we naar de boom.
jan neemt het huis voor mus mee.
dat zet hij in de boom.
het huis heeft ook een tuin.
en nog veel meer.
wil jij het ook zien?
kijk dan gauw!

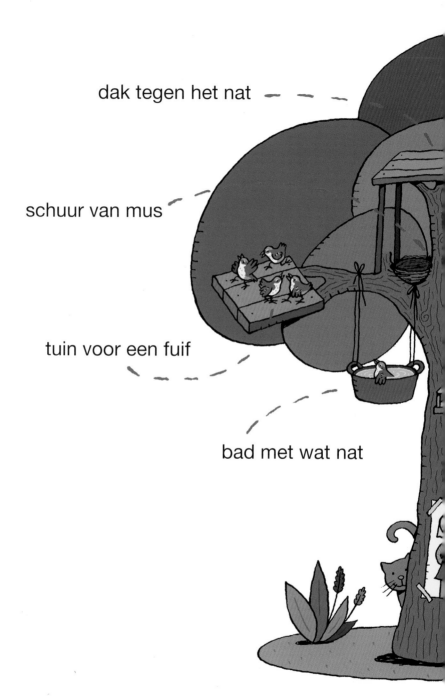

dak tegen het nat

schuur van mus

tuin voor een fuif

bad met wat nat

30

heen-en-weer-touw

tak voor een koor

kom gauw bij mij!

huis van mus

mijn boom is nu van mus.
ik hoor er niet meer bij.

31

CIP-gegevens: Koninklijke Bibliotheek Albert I
Tekst: Riet Wille
Illustraties en omslagtekening: Annemie Berebrouckx
Druk: Oranje, Sint-Baafs-Vijve

© 2006 Uitgeverij De Eenhoorn bvba, Vlasstraat 17, B-8710 Wielsbeke
D/2006/6048/44
NUR 286, 287
ISBN 90-5838-386-5

NEDERLANDSE
KINDERJURY
2007

www.eenhoorn.be